ISBN 978-0-282-33092-7
PIBN 10557147

This book is a reproduction of an important historical work. Forgotten Books uses
state-of-the-art technology to digitally reconstruct the work, preserving the original format
whilst repairing imperfections present in the aged copy. In rare cases, an imperfection in
the original, such as a blemish or missing page, may be replicated in our edition. We do,
however, repair the vast majority of imperfections successfully; any imperfections that
remain are intentionally left to preserve the state of such historical works.

1 MONTH OF
FREE
READING

at
www.ForgottenBooks.com

By purchasing this book you are eligible for one month membership to ForgottenBooks.com, giving you unlimited access to our entire collection of over 700,000 titles via our web site and mobile apps.

To claim your free month visit:
www.forgottenbooks.com/free557147

English
Français
Deutsche
Italiano
Español
Português

www.forgottenbooks.com

Mythology Photography **Fiction**
Fishing Christianity **Art** Cooking
Essays Buddhism Freemasonry
Medicine **Biology** Music **Ancient
Egypt** Evolution Carpentry Physics
Dance Geology **Mathematics** Fitness
Shakespeare **Folklore** Yoga Marketing
Confidence Immortality Biographies
Poetry **Psychology** Witchcraft
Electronics Chemistry History **Law**
Accounting **Philosophy** Anthropology
Alchemy Drama Quantum Mechanics
Atheism Sexual Health **Ancient History**
Entrepreneurship Languages Sport
Paleontology Needlework Islam
Metaphysics Investment Archaeology
Parenting Statistics Criminology
Motivational

& eux la Cour des Pairs de France, &c. Non
qu'on puisse inferer de là que les Presidens
& Conseillers de la Cour soient esgaux en authorité aux Ducs & Pairs de France, le Prince, ayant approché ceux-cy de sa personne
pour en estre assisté aux affaires plus importantes de l'Estat, les autres ayans eu en par-
tage la Iustice distributiue depuis que le
Parlement est sedentaire. En l'erection du
Comté de Mascon, *dit le Seigneur du Tillet*, en

Ibid. fol.
355.

» Pairrie, au lieu de celle de Thoulouze faicte
» l'an mil trois cens cinquante neuf par Char-
» les le Quint, pour Monsieur Iean de Fran-
» ce son frere apres Duc de Berry, est porté par
» exprez que les Rois de France pour la con-
» seruation de l'honneur de leur couronne,
» Conseil & ayde de la chose publique, ont
» institué les douze Pairs qui assistent ausdicts
» Rois és hauts Conseils, & de fidelité entre
» eux pareille, les accompagnent les premiers
» en bon ordre és vaillans faicts d'armes pour
» la deffence d'iceux Rois & du Royaume.

Le Parlement laissant donc le Conseil d'E-
stat & les affaires d'Estat à ceux à qui il plaist
au Roy d'en donner cognoissance, il se ren-
ferme dans la seule administration de la Iustice souueraine, comme cest auguste Senat
le protestoit par la responce qu'il fit à la let-
tre que luy escriuit ce tres-valeureux Prince
Louys de Bourbon Prince de Condé l'an
1562. Aussi l'institution de ceste Cour Souueraine est si loüable, que mesme ce Politi-

que (dont le nom eſt odieux pour quelques
vnes de ſes maximes) ne la peut aſſez cele-
brer. Entre les Royaumes, *dit-il*, que nous
voyons ce iourd'huy, celuy de France eſt des
mieux ordonnez & policez, dans lequel ſe
trouuent pluſieurs bonnes loix & conſtitu-
tions dont la liberté & aſſeurance du Prince dependent. La premiere deſquelles eſt le
Parlement & l'authorité qu'on luy a don-
née, pour autant que les anciens fondateurs
dudict Royaume, cognoiſſans l'ambition
& inſolence de la Nobleſſe, laquelle pour
ceſte cauſe leur ſembloit auoir beſoin de
quelque bride qui la refrenaſt. Et voyant de
l'autre part la hayne du vulgaire contre les
Nobles, procedant d'vne crainte qu'il a na-
turellement d'eux, dequoy voulant deſchar-
ger les petits & n'en donner toutesfois la
peine au Roy, pour l'exempter de la mal-
ueillance que les grands luy euſſent portée
ſouſtenant le populaire, & ſemblablement
du populaire s'il euſt fauoriſé les grands,
aduiſerent d'eſtablir vn iugement tiers &
neutre, lequel ſans la charge & blaſme du
Roy reprimeroit les perſonnes, & tiendroit
la main aux petits. Il ne ſe pouuoit ſonger
vn meilleur ne plus expedient remede, ne
qui aye mieux occaſionné la tranquilité du
Roy & du Royaume. Et de là pouuons-
nous tirer vn exemple ſingulier & nota-
ble, que les Princes doiuent deleguer à au-
truy les affaires dont l'expedition eſt ſub-

Mach.
liu du
Prin. c.
19.

„ iecté à l'inimitié de l'vn des Eftats, & fe re-
„ feruer ceux qui dependent de leurs graces. Il
„ eft raifonnable qu'ils facent bien à la Noblef-
„ fe, mais que ce ne foit en fe faifant mal vou-
„ loir du peuple.

De tous ces tefmoignages il refulte que
l'inftitution primitiue du Parlement n'a
efté que pour adminiftrer la Iuftice aux fubiects du Roy, & non pour fe mefler de
l'Eftat, dont la fcience eft fi difficile, que
elle ne s'acquiert que par vn long vfage &
maniment des affaires. Car les Miniftres
qui fe font vieillis dans les charges y trouuent tous les iours tant de ronces & d'efpi-
nes qu'à peine certaines ieunes gens qui s'en
voudroient mefler fe pourroient débroüil-
ler des moindres difficultez qu'ils y trouue-
roient d'abord, fi la France tomboit en ceft
aueuglement, que la cognoiffance leur en
fuft attribuée. Le champ qu'ils ont à culti-
uer eft affez grand pour s'y employer le refte
de leurs iours, puis qu'eftans iuges de la vie
des biens & des honneurs des fubiects du
Roy ils feront beaucoup, fi à la defcharge de
leur confcience ils mettent peine de s'en ac-
quitter dignement.

Pourtant s'il n'eft pas permis à ces Mef-
fieurs d'eftre arbitres de la paix & de la guer-
re, ny de cognoiftre aucunement de l'Eftat
que par communication, & autant qu'il plaift
au Roy de les admettre en fes Confeils : i'e-
ftime qu'il ne leur feroit non plus loifible en
bonne

bonne Teologie de iuger en leur Tribunal
de ce qui regarde la foy & creance de l'Eglise, au iugement de laquelle leurs Péres se
sont tousiours soufmis comme oüailles du
troupeau, sans s'ingerer de paistre eux mes-
mes leurs Pasteurs, de la bouche sacrée des-
quels ils apprenoient leur salut, suiuant le
precepte de l'Apostre: *Obeissez à vos Prelats,* Heb. 13.
car ils veillent ayās à rendre compte pour vos ames:
C'est pourquoy ce mesme Parlement ren-
dant tres-humbles graces à vn de nos Roys
de la perpetuelle souuenance qu'il luy plaisoit
auoir de l'Estat de la Religion, luy disoit par sa Du 8. Iuillet
remonstrance, *que quant aux articles non deci-* 1560. signé
dez, sa Maiesté en deuoit laisser la decision à du Tilles.
l'Eglise. Et en vne autre remonstrance au
mesme temps ce Parlement recognoissoit
encores *que la declaration de l'heresie appar-*
tient au iugement de l'Eglise, à sçauoir pour de-
cider si vne proposition est heretique ou non. Aussi seroit-ce vn sacrilege à des personnes Laï-
qués que d'entreprendre de iuger si vne do-
ctrine est conforme à la parole de Dieu ou
non, comme ont depuis peu voulu attenter
quelques vns, qui auoient industrieusement
fait glisler vn article dans vn des Cahiers du
tiers Estat, lequel sa Maiesté leur en fit arra-
cher pour les iustes plaintes qui en furent
faictes par ce que soubs le specieux pretexte de la Souueraineté téporelle de nos Roys
& de la seureté de leurs sacrees personnes,
ils iettoient la France en vn schisme deplo-
rable, dont (au nom du Clergé & auec l'ad-

C

ionction du corps de la Nobleſſe) l'horreur
& la calamité leur en fut tres doctement re-

preſentee par ce grand Prelat. Prelat dont
l'eminent ſçauoir a touſiours eſté ſi vtile & ſi
fructueux au public, que chargé de trophées
& des deſpoüilles des ennemis de l'Egliſe: il
ne peut eſtre que grandement chery, aymé
& adoré des gens de bien, leſquels vont auſſi
beniſſant ſon zele, ſon amour enuers la religion & ſa patrie. S'il y a quelques langues
de Viperes qui iettent leur venin ſur la re-
nommee glorieuſe de ce genereux Athlete
de la foy, ſa conſolation eſt, que c'eſt vne
loüange eſgalle d'eſtre loüé des bons & d'e-
ſtre blaſmé des meſchans. Car toutes ces
inepties (plus dignes de compaſſion que
d'aucune repartie) qu'on ſeme contre ſes eſ-
cris, en font tant plus admirer la force & la
verité. Auſſi voit-on toutes ces vagues ſe
rompre aux pieds d'vn rocher, qui ſouſte-
nät de ſon poids ſe ioüe de tout ce que l'impieté appreſte & controuue pour le cho-
qüer. Bref, ſi en l'ingratitude de noſtre aage,
ſi en la corruption de nos mœurs, & ſi en ce
prodigieux libertinage de nos François on
ne recognoiſt pas aſſez dignement combien
ceſte grande lumiere a merité de l'Egliſe &
de l'Eſtat, les ſiecles aduenir en celebreront
tant plus glorieuſement le nom, comme de
celuy qui viuant eſt ſi redouté de la calönie,
qu'elle n'oſe ouurir la bouche côtre lui qu'é
ſon abſence. Car ces cenſeur, ces meſdiſans
n'ont le front, ny l'aſſeurance de propoſer,

ny de fouftenir deuāt luy ce qu'ils declamēt
derriere lē theatre, au feul applaudiffement
de certaines gens, qui voulans eftre tenus
pour la trouppe fçauante, feroient à peines
fimples efcholiers d'vn tel Maiftre. Quant
aux bons Catholiques qui embraffent con-
ftamment la querelle de l'Eglife, & qui pour
cela tiennent les efcrits precieux & les defi-
rent durer à l'eternité plus pures que l'or fin
fans receubir iamais corruption ny altera-
tion quelconque, ils ioignent à ceft effect
leurs vœus auec celuy de ceft ancien fleau
des heretiques, & difent apres luy : *Alfit vt*   Vinc.
rofea illa Catholici fenfus plantaria, in carduos, fpi- Liri.
nafque vertantur.

  Or combien qu'il y ait auiourd'huy des
perfonnes ingrattes, qui femblables aux arai-
gnees conuertiffent en venin tout le bien
qu'on leur faict, & qui fe mafquent & def-
guifent d'vn faux pretexte pour concilier la
haine & l'enuie publique, aux Miniftres qui
affiftent fa Majefté de leurs fages & fidelles Confeils, Si eft ce que tout ce qu'ils
fçauroient machiner contr'eux, n'efbranle-
ra ny n'eftonnera la cònftance & genero-
fité de leur courage, ny leur reputation
n'en fera non plus en mauuaife odeur. Car
comme la femme de Phociō fe glorifioit de
n'auoir point de ioyau, dont elle fe peuft pa-
rer plus richement, que de l'honneur que fō
mary auoit receu d'auoir efté cōtinuellemēt
efleu Capitaine des Atheniens vingt annees
durant, De mefme la France eftime que c'eft

vn affez grãd ornement à ces dignes perfonnages que d'auoir pour marque de leur me-
rite&vertu, le long temps qu'il y a qu'ils fer-
uent nos Roys en leurs plus importantes affaires. Ayans doncDieu & les hommes pour
tefmoins de l'innocence de leurs actions,
tant en ce qui regarde la manutention de la
fplãdeur de l'Eftat, foit au dehors, pour l'en-
tretenement des nos anciénes alliãces auec
lesPrinces nos voifins, ou en l'acquifitiõ des
nouuelles, foit pour le dedans en ce qui regarde l'adminiftration des finances & de la
Iuftice au Confeil du prince laRegence de la
Royne, fous les aufpices de laquelle ils ont
trauaillé en ce penible labeur ayant efté fi
heureufe & fi pacifique, que les fiecles de la
pofterité en beniront la memoire, comme
les Eftats en corps luy ont tefmoigné, fup-
plians faMajefté de tenir encores le gouuer-
nail de cefte monarchie.

Gerfon, rap-
porté parle
Sieur du Til-
let au fufdit
liure de la
Majorieé.

   Vn des Docteurs de l'Eglife affeurant que
Dieu enuoye fouuent plus de profperité aux
Royaumes qui font regis par des Roys ieunes & innocens, que par des plus aagez abã-
donnez au peché, d'autant que tels ieunes
Prince ont des Anges gardiẽs & protecteurs
de leurs perfonnes & de leur Eftat, il eft à ef-
perer que la mefme bonté diuine benira le
Roy en fa ieuneffe, armant fon bras de force
& de valeur, à la protection des bons, à la
terreur & chaftimẽt de tous mutins, broüil-
lons & perturbateurs du repos public. Sa
Majefté n'ayant point auffi de tiltre fi augu-

ſte que celuy du Roy Tres-Chreſtien, nous
verrons fleurir l'Egliſe ſous ſon regne côme
ſous l'Empire d'vn Conſtantin le grãd, d'vn
Theodozé, d'vn Charlemagne, ſon ſceptre
& ſa Couronne eſtant iettez aux pieds de la
Croix du Fils de Dieu, en la ſubmiſſiõ & o-
beiſſãce qu'il teſmoignera au Souuerain põ-
tife par l'inſeparable indiuiſible vniõ & ami-
tié qu'il aura au S. Siege Apoſtolique, s'y
ſentãt obligé par toutes ſortes de raiſõs ſpi-
rituelles & temporelles : car comme les lys
ont fleury aux plus loingtaines parties de la
terre, tãt que nos Roys ſe ſont conſeruez en
l'amour & biêueillãce des Papes, ces meſmes
lys ont eſté auſſi entre les eſpines, & auons
reſſenty toutes ſortes d'angoiſſes & d'aduer-
ſitez tãtqu'ils ſe ſõt ſeparez de leur cõmuniõ
   Dauãtage le zele & la deuotion que le Roy
aura au ſeruice de Dieu & à l'aduancemẽt de
la foy Catholique, paroiſtra en la reuerence
au reſpect qu'il portera aux Prelats, aux Mini-
ſtres de l'Autel, & à l'imitation de ſes ayeuls
il redreſſera ceſt Ordre ſacré en ſon anciẽ lu-
ſtre, en ſon premier honneur, vengeant l'in-
iure faicte au maiſtre en la perſonne du ſerui-
teur, il refrenera l'impieté de ceux qui pro-
phanes content entre les libertez de l'Egliſe
Galicane de fouler le Clergé aux pieds, de
traicter les Eccleſiaſtiques comme ſimples
Laïques, de dechirer leur robe, de reuerſer le
Tribunal de l'Egliſe en l'vſurpation violen-
te de leur iuriſdiction. Eux auſſi ſe rendans
venerables, & par leur pieté & par l'exéple

d'vne bône & fainéte vie , le Prince les aura
en tant plus grande eftime, les recueillera
aupres de fa perfonne , & fe feruira de leurs
bons aduis,à ce que portans toufiours le remede au cœur,ils l'affiftent & feconde en ce
qui regardera la gloire de Dieu & le bien de
la religion, le S. Efprit prefidant volontiers
au milieu des Confeils où des perfonnages,
de cefte onétion,de ce caraétere font admis:
mais comme Satan & fes fuppofts veillent in-
ceffamment pour rompre & empefcher la
reftauration de l'Eglife, il ny a forte de calô-
nies que ce pere de menfonge ne feme pour
rebûtter les Prelats, pour le rendre odieux &
fufpeéts aux Princes mefmes, côme s'ils n'a-
uoient pas plus d'intereft qu'aucuns autres à
la conferuation de leurs perfonnes & de leur
Eftat: car pour le premier , ils crient tous à
hautes voix auec le facré Concile de Con-
ftance, contre les meurtriers des Roys, voire
de ceux que l'on pretendroit eftre deuenus
Titans: Anatheme à quiconque affaffine les
Roys: malediétion eternelle à quiconque affaffine les Roys: damnation eternelle à quiconque affaffine les Roys. Et pour le fecond
poinét qui regarde l'Eftat, il n'y a Ecclefia-
ftique en France qui ne croye que nos Roys
font Souuerains de toute forte de Souueraineté temporelle en leur Royaume, & ne sôt
feudataireu du Pape ny d'aucun autre Prince,
ains en la nuë adminiftration des chofes té-
porelles,ils depêdêt immediatemêt de Dieu
& ne recognoiffêt aucune puiffâce par deffus

eux que la fienne. Et quãt à la iurifdictiõ fpi-
rituelle que le chef de l'Eglife exerce fur les
Prínces qui renoncent au nom de Chrift, &
qui perfecutent cruellement fes membres,
cefte foudre ne touche ny ne regarde le R oy
lequel eft Catholique, & qui eftant fils aifné
de l'Eglife Catholique, ne craint point de
tomber en herefie, & ne redoute point la
cenfure du Pape ny les menaces de l'Eglife
contre les heretiques. *Il eſt*, dit ce grand Car-
dinal, *heritier de la Couronne & de la foy de ce glo-*
rieux S. Louys, qui eſtoit l'appuy de l'Eglife, & l'abry
& la retraicte des Papes. Il eſt ſorty d'vne Mere non
moins Catholique, pieuſe & religieuſe que la ſienne.
N'y ayant dõc Prelat, Iefuite ny autre hõme
d'Eglife qui ne parle ainfi reuerémét de leur
R oy, que ne deuoient-ils tous attendre de
faueur, d'amour & de fupport de fa Majefté?
Que pourroit-on defirer apres cela pour
clorre la bouche à la mefdifance, & pour empefcher l'inuective des malins, finõ qu'eftãs
du tout infenfibles à la raifon, ils ne puiffent
vouloir le bien, comme les ferpens ne fça-
uent que c'eft que de venin?

Finalement quoy qu'il fuft à fouháitter
que les François n'ayans tous qu'vn mefme
R oy, qu'vne mefme langue, ne refpirãs tous
qu'vn mefme air, ne viuans tous que foubs
mefmes loix, ils n'euffent auffi qu'vne mefme creance & Religion: Si eft-ce que fa Majefté pour rendre fon regne tant pacifique
fouffrira tous fes fubiects viure en la liberté
de leurs confciences, fans les forcer la dague

En fa haran-
gue au tiers
Eſtat.

à la gorge , ains remettant la conuerſion
des deuoyez à la ſecrette inſpiration de la
grace de Dieu, qui ſeul flechi les cœurs , elle
les traictera eſgallement comme Pere com-
mun, leur départant ſans autre diſtinction
que du plus ou moins de merites les charges & honneurs de ſon Royaume. Eux auſſi ſe reſſentans obligez à leur Souuerain
d'vn ſi gracieux & fauorable traictement,
aymeront la conſeruation de l'Eſtat, ne ſe
rendront indignes du bõ-heur & de la felicité
dõt ils iouyſſent auec leurs compatriotes. A
ceſt effect s'il s'eſleue parmy eux quelques
vents qui ſoufflent au naufrage, qui ennemis
de la Monarchie voudroient au modelle de
leurs voiſins la metamorphoſer en vne de-
plorable Anarchie, & qui n'embraſſans les
Conſeils, ny les reſolutions de l'Eſtat, pro-
ietteroient d'en ruiner le fondement, nous
n'auons pas encore à eſperer ſi peu de la
bonne fortune de la France, que Dieu ne ſu-
ſcite entre les mauuais beaucoup de gens
de qien, bui vrays François & fidelles ſerui-
teurs du Roy & de la Royauté repouſſeront
le mal, s'oppoſeront au mal, & qui ne ſouf-
frans l'attentat factieux d'aucuns Cercles
ny nouueaux Conſeils dans les Prouinces
maintiendront le Throſne de nos Roys en
ſa gloire & en ſa ſplendeur.

FIN.

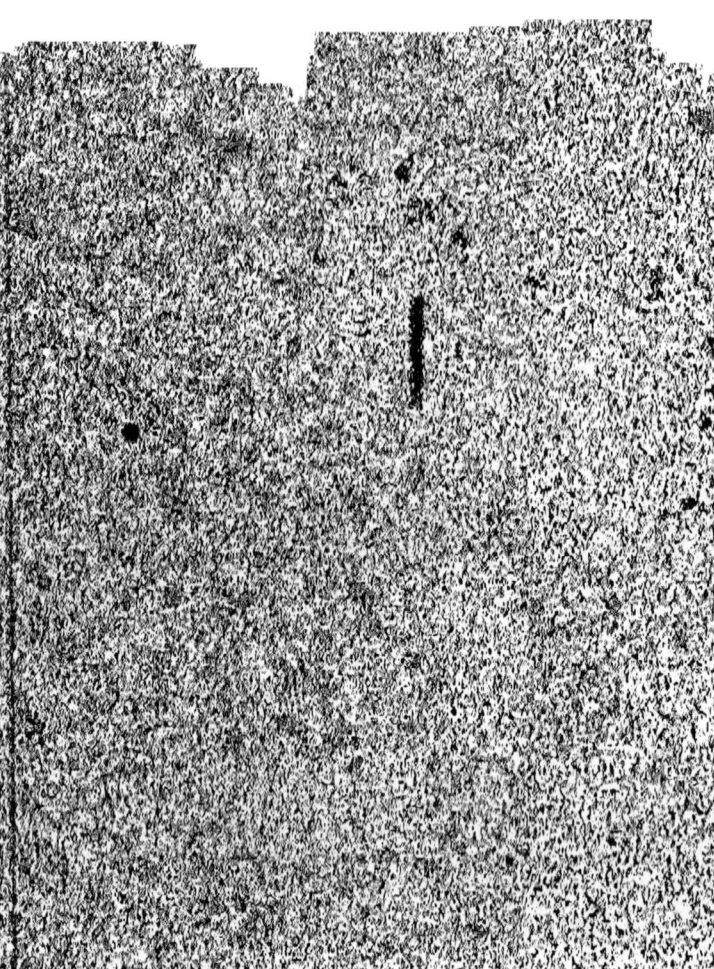

9 780282 330927